अलफ़ाज़

कुछ ऐसे भी...

Hemang Pushkar 'Raghun'

BookLeaf Publishing
India | USA | UK

Made with ❤ on the BookLeaf Publishing Platform
www.bookleafpub.in
www.bookleafpub.com

Dedication

छोटी-सी चिंगारी भी अंगार बन जाती है,
टूटी हुई लकड़ी भी पतवार बन जाती है।
मिट्टी को बेसहारा समझकर यूँ न रौंदो,
ये भी कभी किसी घर की दीवार बन जाती है।

यह पंक्तियाँ मेरे नाना **डॉ. रघुनंदन प्रसाद 'प्यासा'** की लिखी हुई हैं, जो गिरिडीह कॉलेज में हिन्दी और साहित्य के एक श्रेष्ठ प्राध्यापक रहे।
यह पुस्तक उन्हें अर्पित एक छोटी-सी श्रद्धांजलि है।

Preface

मेरे लिए कविता केवल भावनाओं को व्यक्त करने का माध्यम नहीं है। कभी यह मुझे बीते पलों की गलियों में ले जाती है, तो कभी कल्पना की अनदेखी दुनिया में ठहरा देती है।

किसी ख़ामोशी का शोर, ठंडी सर्द रात में अलाव की हल्की गरमाहट, या उन अधूरी बातों की शांत संगिनी, जो मन में कही तो गईं पर शब्दों में नहीं ढलीं। यही मेरे लिए कविता है।
यह संग्रह उन नाज़ुक फुसफुसाहटों को समेटने का एक प्रयास है। उन्हें शब्दों में सहेजने का, ताकि वे कहीं खो न जाएँ।

यदि यहाँ की कोई एक भी कविता आपके हृदय की अनकही सच्चाइयों को छू सके, तो यह पुस्तक अपना उद्देश्य पा लेगी।

Acknowledgements

इस पुस्तक का हर शब्द एक यात्रा का अंश समेटे हुए है। कुछ अनुभव किए गए, कुछ केवल कल्पना में जिए गए। मैं उन सभी का हृदय से आभारी हूँ, जो इस राह पर मेरे साथ चले।

अपनी बहन **इशिता सिन्हा** को, जिनका अटूट स्नेह और साथ हमेशा मेरी मौन शक्ति बना रहा।

अपने मित्र **ईशान गुप्ता** को, जिन्होंने अधूरी सी फुसफुसाहटों में भी कविता की धड़कन सुनी, और उन पर विश्वास किया।

और उन सभी **पाठकों** को, जो इन पन्नों को खोलकर अपने हृदय की अनकही सच्चाइयाँ इन शब्दों में खोजते हैं। आपको इनमें शांति, प्रेम, और अपने ही मन का प्रतिबिंब मिले – यही कामना है।

1

तुम कहते रहे मंज़र सहेज लो,
तुम्हारे अक्स का दीदार बाक़ी है क्या।
अभी भी थोड़ा सा प्यार बाक़ी है क्या ॥

यादें समेटे चला गली दर गली,
नुमाइशों का कोई बाज़ार बाक़ी है क्या।
अभी भी थोड़ा सा प्यार बाक़ी है क्या ॥

शहर से तेरे रिश्ते तोड़ दिए मैंने,
अब और भी कोई संसार बाक़ी है क्या।
अभी भी थोड़ा सा प्यार बाक़ी है क्या ॥

तसल्ली से जो जी रहे आज वो,
उनकी आँखों में वो श्रिंगार बाक़ी है क्या।
अभी भी थोड़ा सा प्यार बाक़ी है क्या ॥

नज़रों को झुका दरिया समेटे हो जो,
कोई अधूरा इकरार बाक़ी है क्या।
अभी भी थोड़ा सा प्यार बाक़ी है क्या ॥

कब्र पर मेरे जो आज खड़े हो आज,
दिल में कोई उधार बाक़ी है क्या।
अभी भी थोड़ा सा प्यार बाक़ी है क्या ॥

2

किससे पूछूँ कि तेरा हाल क्या है
जो तू है ही नहीं, मलाल क्या है

नहीं ढूँढते तुझको आईने में अब
तेरा अक्स कैसा, तेरा जमाल क्या है

बहुत दूर निकल आया हूँ चलते-चलते
कुछ ढूँढने निकला था, सवाल क्या है

पहरों-पहर बस तुझे ही सोचता हूँ
ये कैसा फ़सून, ये ख़याल क्या है

तेरी रघुनियत तेरे हिस्से की, रघुन
कौन समझेगा कि तेरा हाल क्या है

3

कल रात
तुम सपने में आई थी
सुर्ख़ सलवार क़मीज़ और खुली ज़ुल्फ़ों में
तुम कमाल लग रही थी
रात ढल चुकी थी और उन तारों की चादर तले
छत के किनारे मैं बस तुम्हें देख रहा था
और मचल रहा था की काश तुम्हें महसूस कर सकूँ

तुम्हें अपना सकूँ, तुम्हें पा सकूँ
तुम पर मेरा हक़, मैं तुम्हें बतला सकूँ

और उसी क्षण अपने सपनों से निकल कर
अपने आप को कमरे में अकेला पा कर
मुझे यह एहसास हुआ
की कितना अकेला हूँ मैं

की कितना अकेला हूँ मैं
की बरसो बाद आज भी
बस तुम्हें सपने में देखता हूँ

और मेरे सपने में भी तुम
मेरी नहीं हो

4

जितने ख़ास थे रिश्ते सारे, ना जाने कब आम हुए,
हमसे मिलने वाले भी हर मौसम बदनाम हुए।

जो भी आया मिलने खातिर, अपने मंसूबे लाया,
मेरी बोली बोल के देखो, कितने कितनों के काम हुए।

छोड़ा हमने सब कुछ अपना, अब तो बस आवारा हैं,
मेरे हिस्से से पलने वाले अब सारे नाकाम हुए।

रुतबे की बात ना पूछो, हमने सब कुछ बाँट दिया,
हमसे उठ के जाने वालों के भी पूरे सब काम हुए।

हमने जो छोड़ी ये महफ़िल, हम पर भी इल्ज़ाम हुए,
हम भी अपनी शोख़ी की ख़ातिर, हँसते-हँसते बदनाम हुए।

5

कभी ऊँचे-ऊँचे पहाड़ों में,
कभी सागर के किनारों में।

दुआओं में, फ़रियादों में,
कभी पुरानी यादों में।

कभी ग़ज़ल-ए-मीर के साज़ में,
कभी मुस्कुराते फ़क़ीर के अंदाज़ में

मैं सुकून ढूँढ़ता हूँ।

कभी आन, बान और शान में,
कभी जर्जर, टूटे मकान में।

कभी चाहत की बेसब्री में,
कभी गली, मोहल्ले, नगरी में।

कभी किसी को छोड़ के जाने में,
कभी किसी के लौट आने में

मैं सुकून ढूँढ़ता हूँ।

6

बरसो बाद गया मैं गाँव
उस जर्जर टूटे मकान में ।
मकड़ी के जाले, गिरते पलस्तर
धूल की परतें दलान में ॥

काँटी में टंगी कंचों की थैली,
इक कोने में था गिल्ली डंडा ।
शहर में जो मर गया बचपन,
गाँव में आज भी था वो ज़िंदा ॥

दूजे कमरे में थी इक कोठी,
भरती थी जो घर अनाज से ।
एक झरोखा भी था ऐसा,
जिसने ढका मुझको समाज से ॥

बरसों से बंद किवाड़ के भीतर,
कितनी सदियाँ गुज़ार रहा ।
चवन्नी अठन्नी के सिक्को वाला,
वो टूटा गुल्लक पुकार रहा ॥

इन सब को छोड़ कर सदियों पहले,
चला तराशने अपना शऊर ।
क्यों लाँघ गया था घर की चौखट ,
और चल पड़ा अपनों से दूर ॥

7

तेरे जाने के बाद ये शहर, शहर सा नहीं लगता
ये चार दीवारों का मकान , अब घर सा नहीं लगता

बगावत पर उतर आए है चाँद सितारे भी
रात बीत जाती है पर सहर सा नहीं लगता

ये दरख़्त सूखे, मुरझाए से क्यों रहने लगे
क्यों इनमें वादियों का असर नहीं लगता

हम गम-ए-ज़िंदगी की तलाश ऩहीं करते
पर सुकून से सोने वाला वो बिस्तर नहीं लगता

8

क्यों देखे तू आईना
क्यों ख़ुद को यूँ निहारे तू ॥

गीले लटों से भीगे आँचल
उँगलियों से उन्हें सँवारे तू ॥

आँखों में काजल की लकीरें
नैनों से नाम पुकारे तू ॥

मन मोहित मैं तेरे इश्क़ में
फिर क्यों करे इशारे तू ॥

9

एक आस जगा कर दिल में
मैं रोज़ तुझे रिझाता हूँ

जो बंद नयन से तुझको देखूँ
मैं मंद मंद मुस्काता हूँ

मेरे सपनों की दुनिया हो तुम
हर बात तुझे बतलाता हूँ

तू इश्क़ मेरा तू ख़्वाब मेरी
मैं सिर्फ़ तुझे ही चाहता हूँ

10

मुझे गुमनामी का अदब याद है,
इसीलिए जीने का सबब याद है।

जो गुम हुए, वो भी कहीं रौशन हैं,
हर चेहरे का मुझको अजब याद है।

मक़ाम पाया या फ़क़त इंसाँ बना,
मुझे अपने सफ़र की तलब याद है।

कभी न पूछो कि कहाँ तक पहुँचा,
गिर कर उठाने वाला, मुझे वो रब याद है।

11

जो पास है मेरे, उसे गम कहूँ क्या
मेरे मुस्कुराहट को भ्रम कहूँ क्या

तेरे तराजू में है बेशुमार दौलत,
जितना मेरे पास है उसे कम कहूँ क्या

अब तु मुझसे गिला नहीं करता
हमारे रिश्ते को ख़त्म कहूँ क्या

बेबाक सी ज़िंदगी नासूर बन गई
अब इसे भी मैं ज़ख़्म कहूँ क्या

12

उठो ऐ देश के वीरो तुम,
ये देश तुम्हें पुकार रहा।
हनन हुआ है गौरव अपना,
दुश्मन खुलकर ललकार रहा।।

दुश्मनों के कर कर्मों से,
क्षीर्ण हो गई मानवता।
बह रहा निर्दोषों का रक्त,
आच्छादित हुई नीरवता।।

घाटी में बह गई नदी लहू की,
अब प्रतिकार का निश्चय लो तुम।
बना लो सारथी आज किशन को,
रण में अपना परिचय दो तुम।।

गुरु नानक का तेज है तुझमें,
समवंसज तू महाराणा का।
रानी लक्ष्मी-सी प्रतिमा तेरी,
छत्रपति के अफ़साना सा।।

ये प्रतिशोध की ज्वाला है,
बरसेगी ये आंधी बनकर।
आज़ाद-भगत सी शूरवीरता,
डट जाओ गांधी बनकर।।

दिखा दो शौर्य, उठा लो शस्त्र,
शत्रु पर कर दो दावानल।
धधक उठी है ज्वाला जय की ,
काँप उठी देखो जल-थल ।।

13

हम वही ठहर गए
कारवाँ निकल गया

नींद भी खुली नहीं
मौसम बदल गया

हम चले जो राह पर
रास्ता बदल गया

तेज धूप में चले
आसमान पिघल गया

हमने गिला कभी
किया नहीं ये सोच कर

वक्त वक्त की बात थी
वक्त फिर बदल गया

14

वो निर्मल है वो कोमल है
वो मन से थोड़ी चंचल है

वो करुणा है वो आदर है
वो ममता की सागर है

स्त्री का प्रेम स्वभाव है
ये उसके मन का भाव है

जब छत ना हो, तो वो घर है
उससे ही तो हर घर सुंदर है

वो प्रेम की सरल परिभाषा है
वो सबके मन की आशा है।

तुम ना पूछो वो क्या करती है,
एक स्त्री है वो, दुनिया रचती है

15

लोग यूँ ही बदनाम करते हैं,
वादे वो भी तमाम करते हैं।

कोसते हैं धूप को वो लोग,
जो सदा घर में आराम करते हैं।

मौसमों का हाल पूछो ज़रा,
परिंदे सुबह को शाम करते हैं।

दोस्ती पर सवाल क्यों उठे,
हम तो दुश्मन का भी इकराम करते हैं।

हर मूरत में ढल ही जाते हैं,
जो इंतज़ार-ए-अंजाम करते हैं।

16

किसी शाम मुलाक़ात होगी
मेरी ज़िंदगी से बात होगी

कुछ किस्से होंगे अजनबियों के
कुछ अपनों की भी बात होगी

कुछ सवालों के जवाब होंगे
कुछ सवालों में ही बात होगी

कुछ दोनों के गिले होंगे
और फिर एक नई शुरुआत होगी

रूठ कर मनाएँगे एक दूजे को
और फिर से रूठने की बात होगी

चैन से सोएँगे हम भी और वो भी
एक दिन कुछ ऐसी मुलाक़ात होगी

17

बहुत दिनों बाद मिले हो
चलो गुफ्तगू करते है
कोई कहानी सुनाना
मुझे अपने बारे में बताना
मेरी ज़िंदगी का आईना दिखाना

18

झुके कंधे, थकी आँखे
दुख में हर इंसान है ।

इस जहाँ की भीड़ में
हर शक्स क्यों परेशान है।

कोई धूप से है आहत
कोई बादल से नाराज़ है ।

राहों पर चलने वाला
क्यों तकता आसमान है।

एक उम्र गुज़र जाती है
एक घरौंदा बसाने में।

क्यों है फिर भी मुंतज़िर,
क्यों बचता सिर्फ़ मकान है।

दिलों में दफ़्न है कशमकश
आँखो में इंतज़ार है ।

हर चेहरा यहाँ सोच में
हर गम में इंसान है।

19

कल रात बहुत हसीन थी,
जलते दिए, जगमगाता ये शहर,
और दिल में दबी खामोशी।

पटाखों की धमक से
जब ये शहर गूंज उठा,
तो उस मायूसी ने धीरे से सवाल किया

“यहाँ सब हसीन है,
यहाँ सब खुशनुमा,
तू फिर भी निराश?
तू फिर भी हताश?
दुनिया को दिखता तेरा मुस्कुराता चेहरा,
भीड़ में भी तू क्यों है अकेला?”

ये कैसा इत्तेफाक़ है,
ये कैसा इंतज़ार है,
जो ख़त्म नहीं होता।

मैं मुस्कुराया,

मंद मुस्कान लिए अपनी बात बतलाया

"शायद दूर निकल आया हूँ चलते-चलते,
शायद एक आस थी जो मेरे अंदर रह गई,
शायद एक कहानी,
जो कोई सुन न पाया।"

मेरी दास्तान छुपी है
इसी सन्नाटे में
तुम ख़ामोशी सुनकर देख लो,
रुक जाऊँगा मैं आज भी,
तुम आवाज़ देकर देख लो

20

बड़ी दूर निकल आए है
जो कमाने निकले थे

अपने घर को छोड़ कर
मकान बनाने निकले थे

बारिश की बूंदे जो मिट्टी में मिल गई
बादल को छोड़ सागर पाने निकले थे

त्योहारों के मौसम में ये एहसास हुआ
बगिया को छोड़, गुलिस्ताँ बनाने निकले थे

उन मछुआरों की हिम्मत तो देखो
उफनती लहरों में नौका बनाने निकले थे

21

रफ्ता रफ्ता तेरी ख़ुश-बयानी ख़त्म हो गई
रघुन तेरे इश्क़ की रवानी ख़त्म हो गई

तू किरदार बन कर आज भी ज़िंदा है
सदियों पहले तेरी कहानी ख़त्म हो गई

www.ingramcontent.com/pod-product-compliance
Lightning Source LLC
LaVergne TN
LVHW022031200926
848481LV00007B/2648
* 9 7 8 1 8 0 7 1 5 2 9 3 2 *